Dieses Buch kann alleine lesen:

____

Tier-Abenteuer
zum Lesenlernen

CARLSEN

Lese-Spaß mit Lese-Pass

Liebe Eltern,

je regelmäßiger Ihr Kind übt, desto schneller und besser wird es das Lesen beherrschen. Das Lesemaus-Trainingsprogramm mit Sammelpunkten erfordert nur kurze Leseeinheiten von 10 Minuten. Das Sammeln macht Kindern Spaß und motiviert sie von Anfang an.

Je 10 Minuten Lesen werden im Lese-Pass eingetragen und durch Ihre Unterschrift bestätigt. Der Lese-Pass bietet Platz für 10 Einträge à 10 Minuten, also insgesamt 100 Minuten Lesen.
Ist der Pass voll, bekommt Ihr Kind eine zuvor mit Ihnen vereinbarte Belohnung. Das kann ein neues Buch, ein kleines Spiel, ein Ausflug etc. sein. Diese Belohnung tragen Sie zu Beginn gemeinsam im Lese-Pass ein.
Hat Ihr Kind den Pass fertig ausgefüllt, erhält es außerdem eine Lesemaus-Urkunde. Geben Sie dazu auf www.lesemaus.de/Belohnung den Code LMZLL ein.

Schließlich gibt Ihr Kind den vollen Lese-Pass ab, erhält mit einem neuen Lesemaus-Band (oder als Download auf www.lesemaus.de) einen neuen Lese-Pass und liest weiter bis zur nächsten Lesemaus-Urkunde ...

Ihnen und Ihrem Kind viel Spaß beim Lesen und Sammeln!

Die **LESEMAUS** ist eine eingetragene Marke des Carlsen Verlags.

Sonderausgabe im Sammelband 1. Auflage 2012 I ISBN: 978-3-551-06613-8
Pia auf dem Reiterhof © Carlsen Verlag GmbH, Hamburg 2011
Ein Heuler in der Seehundstation © Carlsen Verlag GmbH, Hamburg 2009
Mia entdeckt die Tiere im Wald Carlsen Verlag GmbH, Hamburg 2012
Copyright © 2007 by Verlag Carl Ueberreuter, Wien – München
Umschlagkonzeption: Karin Kröll I Illustration der Lesemaus: Hildegard Müller
Lesemaus-Redaktion: Anja Kunle I Umschlagillustration: Dorothea Tust
Druck und Bindung: GGP Media GmbH, Pößneck I Printed in Germany

Alle Bücher im Internet: www.lesemaus.de
Newsletter mit tollen Lesetipps kostenlos per E-Mail: www.carlsen.de

Inhalt

Pia auf dem Reiterhof

Eine Geschichte von Annette Neubauer
mit Bildern von Astrid Vohwinkel

Ein Mädchen am Zaun

Jeden Tag läuft Tom

nach der Schule direkt zum Ponyhof.

Dort wartet sein  auf ihn.

Es hat rötliches Fell und

frisst gerne .

Deswegen heißt es Möhrchen.

Heute läuft Tom

noch schneller als sonst.

Denn er sieht

ein fremdes  am 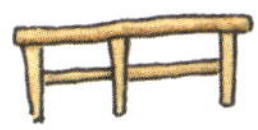.

Es streichelt Möhrchen und

hält ihm ein Stück  hin.

„Halt!“, ruft Tom empört.

„  dürfen keinen  essen.“

Erschrocken weicht das 

vom 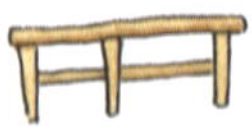 zurück.

Die  fällt ihm aus der .

„Oh!“, sagt das  bestürzt.

„Das wusste ich nicht.“

Jetzt tut es Tom schon leid,

dass er so unfreundlich war.

Ist doch klar!

Alle wollen sein  streicheln.

„Von 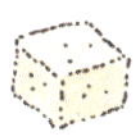 bekommen 

schlechte 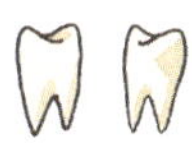 “, erklärt Tom.

„Ach so“, antwortet das  .

„Genauso wie  ?“

Tom nickt.

Leserätsel

Was dürfen Ponys nicht essen?

P Zucker 

T Äpfel 

O Schokolade 

E Trockenes Brot 

N Bonbons

U Möhren

Y Lutscher

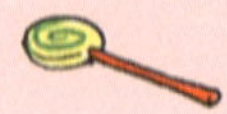

Die Buchstaben neben den richtigen Antworten ergeben ein Lösungswort:

__ __ __ __

Was reimt sich?

Braun	T	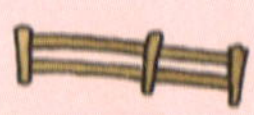	P	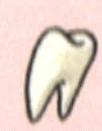
Sand	R		F	
Mähne	E		A	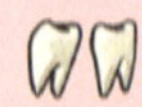
Drucker	B		D	

Die Buchstaben neben den richtigen Antworten ergeben eine Pferdegangart:

__ __ __ __

Verbinde die Punkte in der richtigen Reihenfolge von 1 bis 79 miteinander.

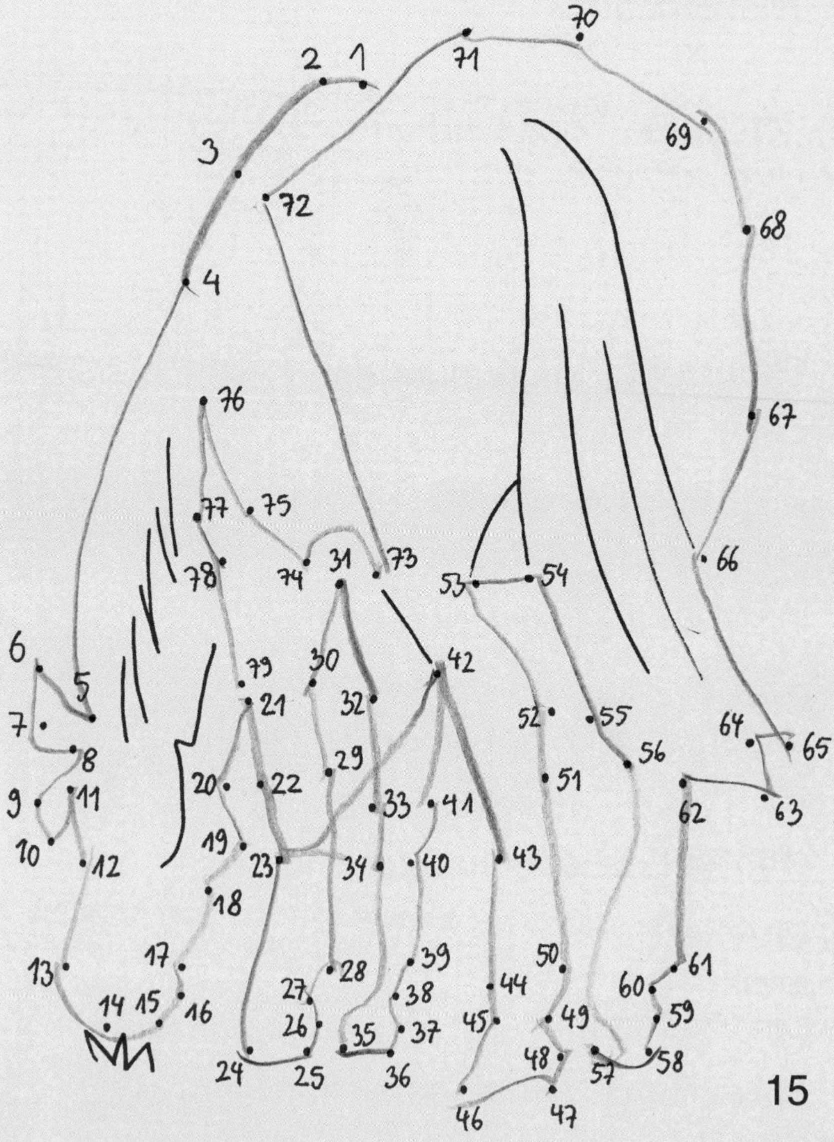

Pia und Möhrchen

Tom lächelt.

„Ich heiße Tom. Und du?“

„Pia“, antwortet das  .

Tom sieht Pia genauer an.

Sie trägt alte  ,

in ihrem  ist ein Loch

und ihre  hat einen Fleck am .

„Pia ist bestimmt in Ordnung“,

denkt Tom.

Möhrchen streckt den 

über den 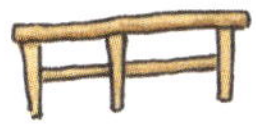 und

schnuppert an Pias .

„Möhrchen mag dich“,

stellt Tom fest.

„Willst du mal auf ihm reiten?“

„Das wäre toll!“

Pia strahlt Tom an und

Tom wird rot wie eine .

Flink klettert Pia auf den .

„Was machst du denn da?“,

ruft Tom entsetzt.

„Ich will reiten“, erklärt Pia.

„Das hast du doch selbst vorgeschlagen.“

„Ja“, sagt Tom, „aber davor müssen wir

Möhrchen erst putzen.

Und du brauchst Zaumzeug, einen 

und einen .“

„Oh“, ruft Pia enttäuscht

und springt vom 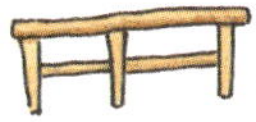.

„So etwas habe ich nicht.“

„Du hast echt keine Ahnung

von , oder?“, fragt Tom.

Pia schüttelt den .

„Komm mit“, sagt Tom.

Er geht zum 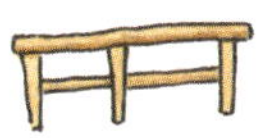 und öffnet das Gatter.

Sofort trabt Möhrchen zu ihnen.

Leserätsel

Was braucht man zum Reiten?
Male die richtigen Dinge aus.

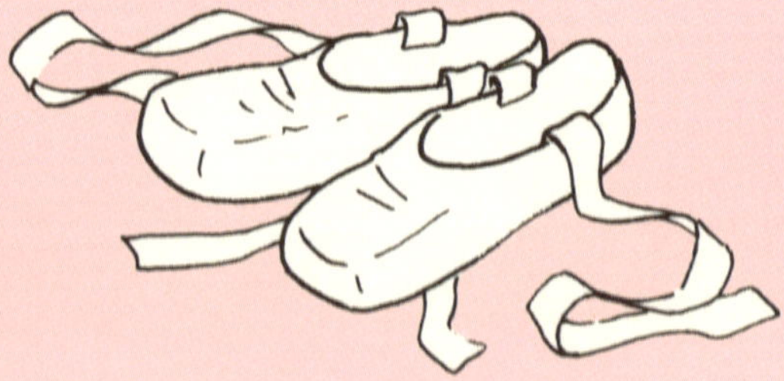

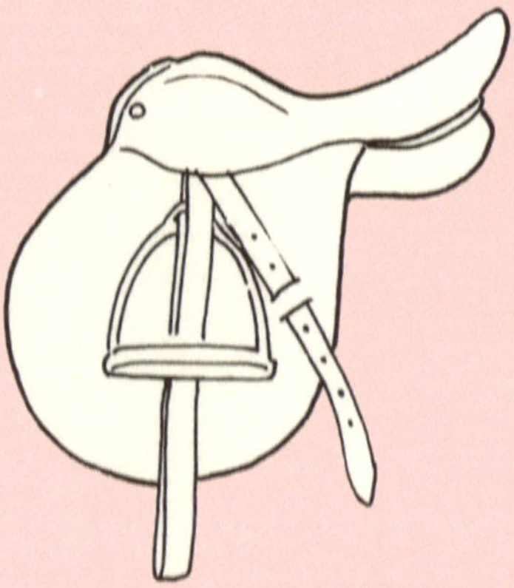

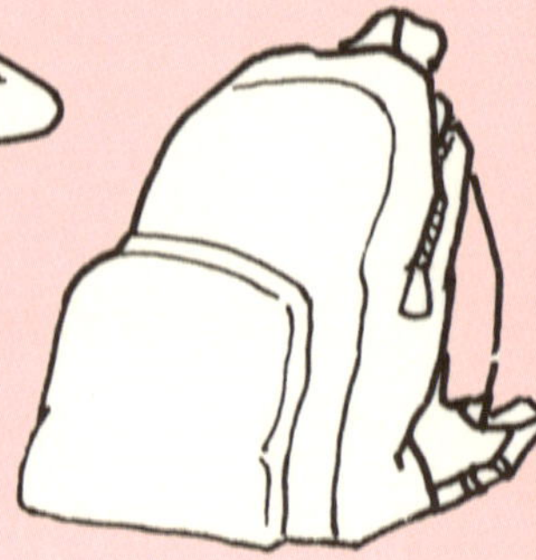

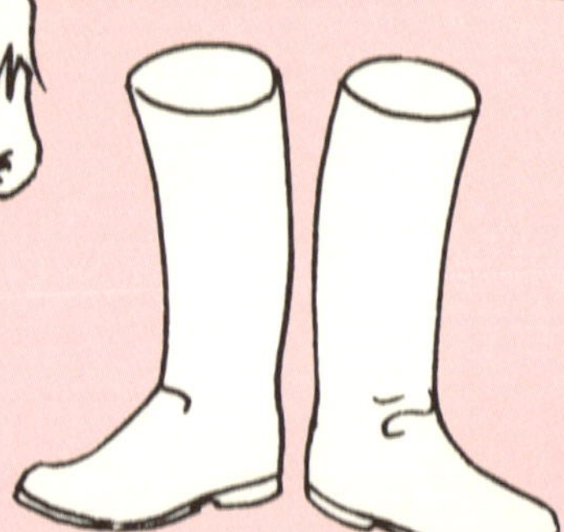

Was stimmt?

W Tom wird rot wie eine Möhre.
H Tom wird rot wie eine Tomate.

U Pia klettert auf den Zaun.
A Pia klettert auf den Zahn.

F Vor dem Reiten muss Möhrchen geputzt werden.
T Vor dem Reiten muss Möhrchen gepackt werden.

Die Buchstaben neben den richtigen Antworten ergeben ein Lösungswort:

___ ___ ___

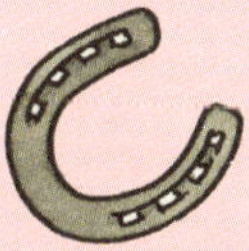

Im Stall

Tom und Pia gehen

mit Möhrchen hinüber zum .

Dort holt Tom einen kleinen 

aus einem .

„Das ist eine Putzkiste“, erklärt Tom.

„Darin bewahre ich alles auf,

was ich für Möhrchens Pflege brauche.“

Tom gibt Pia eine 

mit dicken Borsten.

„Damit kannst du den 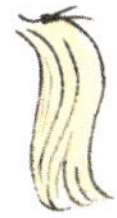

und die  säubern.

Ich striegele so lange das Fell

und reinige die “, sagt Tom.

Bald ist Möhrchen ganz sauber.

Tom legt eine  auf seinen .

Darauf kommt der ,

an dem die  hängen.

Tom zieht den Sattelgurt fest und

legt Möhrchen das Zaumzeug an.

„Damit kannst du das  lenken“,

erklärt Tom und zeigt auf die Zügel,

die im  des Tieres enden.

„Willst du Möhrchen hinausführen?“

Pias   leuchten.

Und ob sie das will!

Stolz führt Pia das  aus dem .

Tom holt seinen  und läuft hinterher.

Auf dem Hof ist ein Reitplatz.

Die Reitlehrerin Klara begrüßt die .

Tom fragt: „Darf Pia auf Möhrchen reiten?“

„Ja“, sagt Klara. „Aber bitte mit .“

Tom setzt Pia seinen  auf.

Pia tritt in den .

Dabei hält Tom sein  gut fest.

Als Pia im Sattel landet,

tritt Möhrchen von einem 

auf den anderen.

„Entschuldige“, sagt Pia.

„Das nächste Mal lande ich

sanfter auf deinem .“

Möhrchen schnaubt zufrieden.

Dann führt Tom das 

an einer langen  im  herum.

Klara bleibt in der Nähe und passt auf.

Pia strahlt wie ein .

Als sie absteigt, stupst Möhrchen

sie sanft an.

„Möhrchen will dich gern wiedersehen“,

sagt Tom. „Und ich auch.“

Jetzt wird Pia rot wie eine .

„Ich komme gleich morgen wieder.

Dann bringe ich  für Möhrchen mit.

Und  für dich!“

Wörterliste

Pony

Möhren

Mädchen

Zaun

Schokolade

Ponys

Zucker

Hand

Zähne

Kinder

Turnschuhe

Pullover

Hose

Knie

Kopf

Tomate

Sattel

Reithelm

Stall

Koffer

Schrank

Bürste

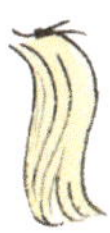
Schweif

Mähne

Hufe

Decke

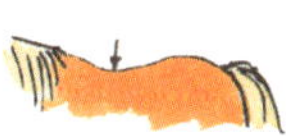
Rücken

Steigbügel

Maul

Augen

Huf

Leine

Kreis

Honigkuchen-
pferd

Infoseite

Die Körpersprache der Ponys

Ponys haben ihre eigene Körpersprache. Sie drücken viel durch die Haltung ihrer Ohren aus.

Wenn ein Pony müde ist, hält es den Kopf gesenkt. Die Ohrmuscheln zeigen nach unten.

Ist ein Pony aufmerksam und neugierig, stellt es die Ohren nach vorn und blickt mit großen Augen um sich.

Wenn ein Pony die Ohren flach anlegt und die Augen zusammenkneift, ist es ärgerlich.

Ein ängstliches Pony legt die Ohren nach hinten, weicht zurück und schnaubt erregt.

Lösungen

S. 14/15:

Das dürfen Ponys nicht essen: Zucker,
Schokolade, Bonbons, Lutscher
Lösungswort: PONY
Das reimt sich: Braun – Zaun, Sand – Hand,
Mähne – Zähne, Drucker – Zucker
Eine Pferdegangart ist: TRAB

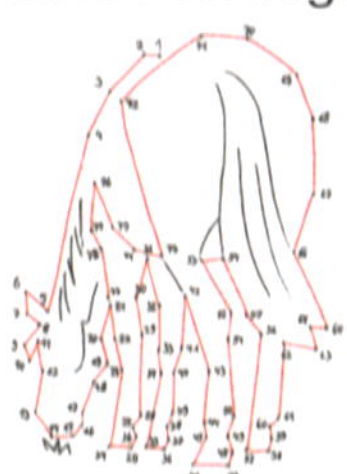

S. 20/21:

Zum Reiten braucht man: Reithelm, Reitstiefel,
Sattel, Pony
Tom wird rot wie eine Tomate.
Pia klettert auf den Zaun.
Vor dem Reiten muss Möhrchen geputzt werden.
Lösungswort: HUF

Ein Heuler in der Seehundstation

Eine Geschichte von Gabriela Krümmel
und Sabine Choinski
mit Bildern von Günther Jakobs

Am Meer

Felix und sein Papa

machen Urlaub am  .

Die  scheint ganz warm.

Felix geht jeden Tag an den Strand.

Er sucht  und

baut eine  .

„Morgen wandern wir!“, sagt Papa.

Felix freut sich.

Im  schläft er schnell ein.

Am nächsten Morgen

ist Felix ganz früh wach.

Er packt seinen blauen .

Ein  nimmt er auch mit.

Seine gelben  leuchten im Watt.

Ein  läuft schnell ins Wasser.

Felix findet viele ,  und

sogar einen .

Er sammelt alles in

seinem Kescher.

„Schau mal“, ruft Felix.

„Dahinten liegt ein  !“

Papa sieht durch das .

„Das ist kein  “, sagt er.

„Das ist ein junger .

Er hat seine Mutter verloren.

Deswegen nennt man ihn Heuler.“

„Können wir ihn mitnehmen?“,

bettelt Felix.

„Nein“, antwortet Papa.

„Vielleicht kommt

die  -Mutter bald zurück.“

Felix und Papa setzen sich

auf eine .

Felix holt seine 

aus dem .

Dabei beobachtet er den .

Leserätsel

Was baut Felix am Strand?

S Einen Sandkuchen.
U Eine Sandale.
M Eine Sandburg.
R Ein Sandwich.

Was braucht Felix für seinen Ausflug?

A Kartoffel-
E Ruck-

E Fern-
T Trink-

Z Reit-
R Gummi-

Die Buchstaben neben allen richtigen Antworten verraten dir, wo Felix Urlaub macht: am __ __ __ __.

Wie kommt der Seehund zum Fisch?

Der Seehundfänger kommt

Der kleine  heult laut.

Aber die -Mutter kommt nicht.

Papa nimmt sein 

und ruft die Polizei an.

Die Polizei sagt bei der

-Station Bescheid.

Sie schicken einen .

Er setzt den 

in eine Wanne aus Plastik.

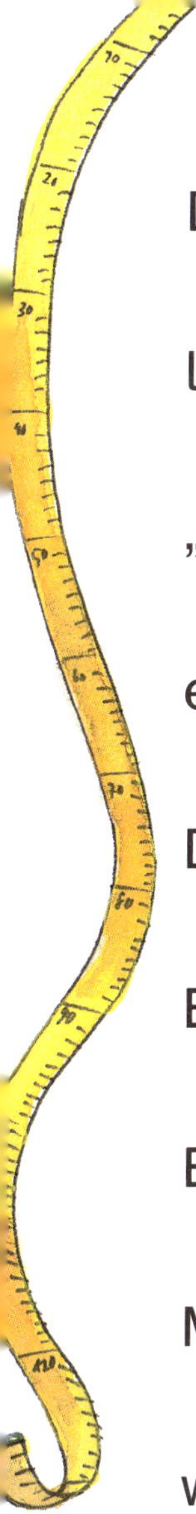

Die Wanne mit dem Heuler

lädt er in sein .

„Ich bringe ihn zur -Station“,

erklärt er Felix.

Dort wartet schon der Tier-.

Er setzt den Heuler auf die .

Er wiegt 8 Kilogramm.

Mit einem 

wird er gemessen.

Er ist 50 Zentimeter lang.

Der Heuler soll Karlchen heißen.

Da kommt Jan, der Pfleger.

Er hat eine  aus Gummi an.

Mit einem  und einem 

bekommt Karlchen Welpen-Milch.

Jetzt darf Karlchen

zum ersten Mal ins Wasserbecken.

Zwei andere 

schauen neugierig zu.

Mit ihren großen 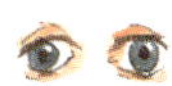

beobachten sie den Neuen.

Karlchen ist aufgeregt.

Mit seinen 

schlägt er auf und ab.

Dann schwimmt er los.

Leserätsel

Löse das Kreuzworträtsel:

Die Buchstaben in den blauen Feldern verraten dir, wie ein Seehundjunges heißt, das nach seiner Mutter ruft:

_ _ _ _ _ _

Wie heißt der Pfleger der Seehunde?

- ☐ Januar
- ☐ Jan
- ☐ Jo-Jo
- ☐ Jane

Ergänze die fehlenden Buchstaben:

1. DER __LEINE SEEHUND HEULT.

2. PAPA NIMMT SEIN H__NDY.

3. ER __UFT DIE POLIZEI AN.

4. DER HEU__ER WIEGT 8 KILOGRAMM.

5. ER BEKOMMT WELPEN-MIL__ __.

6. ER SCHLÄGT MIT SEINEN FLOSS__N.

7. UND SCHO__ SCHWIMMT ER LOS!

Wenn du die Buchstaben zusammensetzt,
erhältst du das Lösungswort:

__ __ __ __ __ __ __ __
1 2 3 4 5 6 7

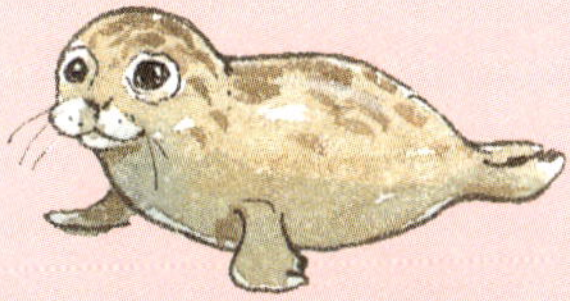

Besuch für Karlchen

Heute gibt es .

In seinem 

bringt Jan viele Heringe mit.

Mit einem  schneidet er

die  klein.

Karlchen sperrt sein Maul auf.

Mit seinen spitzen 

packt er den 

und schlingt ihn hinunter.

Ein rotes  hält

vor der  -Station.

Felix und sein Papa

wollen Karlchen besuchen.

Sie dürfen nicht zu nahe

an das Wasserbecken heran.

Die  sollen sich

nicht an Menschen gewöhnen.

Eine  führt Felix und Papa

auf den Besucherturm.

Durch das 

kann Felix Karlchen sehen.

„Ich erkenne ihn

an den vielen schwarzen Punkten

auf seinem Kopf!“,

ruft Felix aufgeregt.

Mit seiner  macht er viele Fotos.

Pfleger Jan kommt

mit einem dicken .

Karlchen soll lernen,

den  zu fangen.

Bald wird er mit den

anderen 

im  schwimmen.

Felix macht ein trauriges .

Papa nimmt ihn in den .

Zum Trost kauft er ihm

einen  aus Plüsch.

Der hat ganz weiches Fell.

Karlchen ist nun vier Monate alt

und wiegt 26 Kilogramm.

Mit einem  wird er

auf das  hinausgebracht.

An einer Sandbank hält das .

Neugierig schaut Karlchen

über den Rand des .

Jan steigt aus und setzt ihn auf den Strand.

Eine Welle trägt Karlchen

auf das  hinaus.

Er schwimmt

mit den anderen  davon.

Jan sieht ihm noch lange nach.

Mach's gut, Karlchen!

Wörterliste

 Meer

 Sonne

 Muscheln

 Sandburg

 Bett

 Rucksack

 Fernglas

 Gummistiefel

 Krebs

 Schnecken

 Seestern

 Hund

 Seehund

 Seehunde

 Decke

 Trinkflasche

 Handy

 Mann

 Auto

 Arzt

 Waage

 Maßband

 Hose

 Trichter

 Schlauch

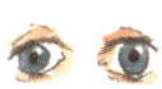 Augen

 Flossen

 Fisch

 Eimer

 Messer

 Fische

 Zähne

 Treppe

 Fenster

 Kamera

 Gesicht

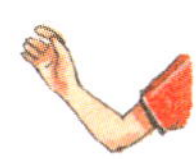 Arm

 Boot

Infoseite

Das braucht man für die Aufzucht eines Heulers:

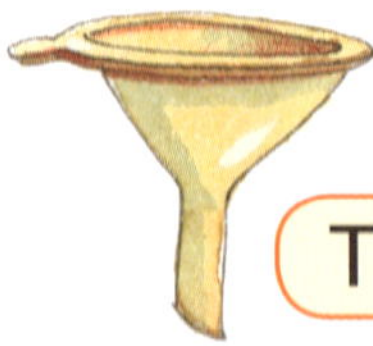

Trichter

Schlauch

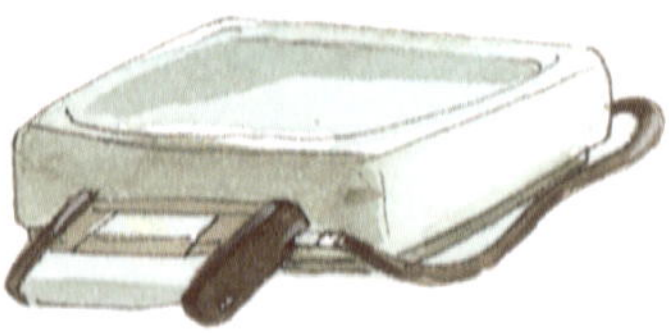

Waage

Pfleger

Messbecher

Welpen-Milch

Eimer

Fische

Wasserbecken

S. 40/41:

Felix baut eine SANDBURG.
Das braucht Felix für seinen Ausflug:
Rucksack, Fernglas, Gummistiefel
Felix macht Urlaub am MEER.
So kommt der Seehund zum Fisch:

S. 46/47:

HANDY
WANNE
AUTO
SCHLAUCH
SEEHUND
TRICHTER

Ein Seehundjunges, das nach
seiner Mutter ruft, heißt HEULER.
Der Pfleger heißt JAN.
Lösungswort: KARLCHEN

Lösungen

Mia entdeckt die Tiere im Wald

Text und Illustrationen von Sabine Lohf

Ferien bei Oma und Opa

Endlich sind Ferien!

Mia besucht Oma und Opa

in ihrem  mitten im .

Opa ist Förster.

Er kommt gerade mit Lilli

durch das 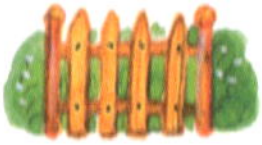.

Lilli ist Opas .

Lilli hat braune Augen, braunes Fell

und eine schwarze .

Wenn Lilli dabei ist,

hat Mia fast keine Angst im  .

Na ja! Vielleicht vor einem 

oder vor einer  .

Dabei ist Mia noch nie

einem  begegnet.

„Zum Glück!“, denkt Mia.

Aber einen  oder ein 

möchte sie gern einmal

ganz nah sehen.

Mia hat extra ihr  mitgebracht

und sich Omas  geliehen,

damit sie  , 

und  beobachten kann.

„An dieser  kannst du

einen  sehen“, sagt Opa.

Mia schaut durch die  .

Hat der  wirklich tausend Füße?

Leserätsel

Wo wohnen Oma und Opa?

W Im Forsthaus 

B Im Hexenhaus 

T Im Zirkus 

Lilli ist

I eine Kröte. 

A ein Hund. 

T ein Hase. 

Was hat Mia mitgebracht?

U Ihre Taschenlampe 

L Ihr Fernglas 

E Ihr Taschenmesser 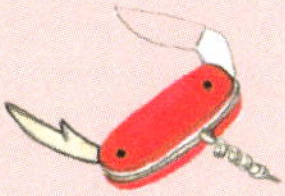

Was für ein Tier nimmt Mia unter die Lupe?

D Einen Tausendfüßler 

R Einen Ohrenzwicker 

M Eine Spinne 

Die Buchstaben neben den richtigen Antworten ergeben ein Lösungswort:

___ ___ ___ ___

Ein Ausflug mit Opa

Als Mia am Abend

unter ihre  krabbelt,

flüstert Opa ihr ins Ohr:

„Morgen zeige ich dir

den ältesten  im ."

Mia freut sich schon sehr.

Ganz früh, als die Sonne aufgeht,

packt Opa belegte Brote, Äpfel

und etwas zu trinken in den .

Mia nimmt ihr  und die  mit.

Opa nimmt Lilli an die .

Dann wandern sie los in den .

Im  riecht es nach Pilzen.

Mia entdeckt sie zuerst.

Die Pilze sehen aus wie 

mit roten 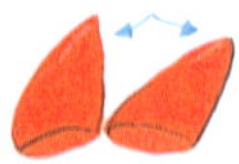 und weißen Punkten.

„Vorsicht!“, sagt Opa, „ das sind .

Die sind sehr giftig.“

Mia gefallen die  so gut,

dass sie noch eine Weile stehen bleibt.

Lilli stupst Mia am 

und zieht an der .

Schließlich gehen sie weiter.

Der Weg zieht sich

wie eine braune 

durch den  .

Leserätsel

Was stimmt?

W Mia krabbelt in einen Ameisenhügel.

M Mia krabbelt unter die Bettdecke. 

A Opa packt belegte Brote ein. 

L Opa packt seine Pfeife ein. 

U Opa nimmt Lilli an die Leine. 

D Mia nimmt Opa an die Leine.

M Im Wald sieht Mia eine Schlange. 

S Im Wald sieht Mia Fliegenpilze. 

Die Buchstaben neben den richtigen
Antworten ergeben ein Lösungswort:

___ ___ ___ ___

Was reimt sich?

Wachs R  P 

Traum I  A 

Flöte S  L 

Maus Z  T 

Die Buchstaben neben den richtigen
Antworten ergeben ein Lösungswort:

___ ___ ___ ___

Tiere im Wald

Mia und Opa gelangen auf eine Wiese.

Dort steht ein , groß wie ein Riese.

„Was ist das für ein ?“, fragt Opa.

„Du erkennst es an der Form der .

Und schau dir auch die Früchte an.

Sie sehen aus wie kleine .“

„Das ist eine Eiche“, antwortet Mia sofort,

denn sie hat aus  schon einmal

eine lustige Figur gebastelt.

Was flitzt denn da am  entlang?

„Ein  !“, ruft Mia aufgeregt.

Wie ein  springt es

zwischen den Zweigen hin und her.

Mia nimmt das  , damit sie

das  besser sehen kann.

Ein riesiger  fliegt in den  .

„Das ist ein Habicht“, sagt Opa.

„Er hat dort oben ein  .“

Opa und Mia wollen picknicken.

Als Mia den  holt,

springt ein  aus dem Gras.

Er ist genauso erschrocken wie Mia.

Schnell läuft der  davon.

Mia sieht nur noch die langen ,

dann ist der  weg.

Bald geht die Sonne unter.

„Psst!“, macht Opa und

zeigt auf einen kleinen .

Ein  trinkt hastig,

bevor er wieder im  verschwindet.

„In der Dämmerung kommen

viele Tiere hierher“, sagt Opa.

Jetzt nähert sich ein  .

Er trinkt, dann wühlt er im Laub.

Plötzlich klopft Mias Herz ganz heftig.

Ein  mit zwei 

trottet zum  .

Dort wälzen sich die Tiere im Schlamm.

Danach kratzen sie sich an einem  .

Sie suchen  und  .

Als Lilli knurrt, laufen die Tiere

schnell davon.

Mia und Opa machen sich

auf den Heimweg.

„Es war so schön im  “, flüstert Mia.

„Da möchte ich morgen wieder hin.“

Sie schlüpft unter ihre 

und schläft sofort ein.

Was sie wohl träumt?

Wörterliste

 Haus

 Wald

 Gartentor

 Hund

 Nase

 Wildschwein

 Spinne

 Fuchs

 Reh

 Fernglas

 Lupe

 Käfer

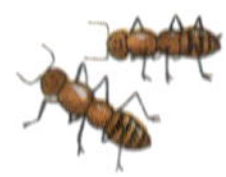 Ameisen

 Raupen

 Wurzel

 Tausendfüßler

 Bettdecke

 Baum

 Rucksack

 Leine

Gartenzwerge

Zipfelmützen

Fliegenpilze

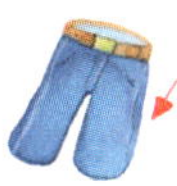
Hosenbein

Schlange

Blätter

Pfeifen

Eicheln

Baumstamm

Eichhörnchen

Akrobat

Vogel

Vogelnest

Hase

Ohren

Teich

Dachs

Frischlinge

Regenwürmer

Infoseite
Vögel im Wald

Der Habicht
gehört zu den Greifvögeln. Er lebt in großen Wäldern. Das Habichtweibchen wird bis zu 60 cm groß, das Männchen nur etwa bis zu 40 cm. Habichte jagen andere Vögel wie Meisen, Amseln und Tauben. Manchmal erbeuten sie auch Kaninchen und Hasen.
Das Nest der Habichte nennt man Horst. Sie bauen es in hohen Laub- oder Nadelbäumen und benutzen es oft mehrere Jahre lang.

Der Eichelhäher
gehört zu den Krähenvögeln.
Er lebt in Wäldern oder großen Parks und Gärten.
Der Eichelhäher wird etwa 35 cm groß.
Eichelhäher ernähren sich meist von Früchten, Samen, Getreide, Eicheln und Bucheckern.
Manchmal fressen sie aber auch Insekten und Eier.
Ihr Nest bauen Eichelhäher auf Bäumen oder in Büschen. Das Männchen wählt den Nistplatz aus.

Der Waldkauz
gehört zu den Greifvögeln. Er lebt in Wäldern und großen Parkanlagen. Der Waldkauz wird etwa 38–40 cm groß. Das Weibchen ist meist etwas größer. Waldkäuze gehen nachts auf die Jagd. Sie jagen hauptsächlich Mäuse, aber auch andere kleine Säugetiere und Vögel. Als Nistplatz wählen sie gern Baumhöhlen oder Fels- und Mauernischen.

Lösungen

S. 66/67:
Oma und Opa wohnen im Forsthaus.
Lilli ist ein Hund.
Mia hat ihr Fernglas mitgebracht.
Mia nimmt einen Tausendfüßler unter die Lupe.
Lösungswort: WALD

S. 72/73:
Das stimmt:
Mia krabbelt unter die Bettdecke.
Opa packt belegte Brote ein.
Opa nimmt Lilli an die Leine.
Im Wald sieht Mia Fliegenpilze.
Lösungswort: MAUS
Das reimt sich:
Wachs und Dachs  Traum und Baum 
Flöte und Kröte  Maus und Haus 
Lösungswort: PILZ

Lesen lernen mit der Lesemaus

Liebe Eltern,

alle Kinder wollen Lesen lernen. Sie sind von Natur aus wissbegierig. Diese Neugierde Ihres Kindes können Sie nutzen und das Lesenlernen frühzeitig fördern. Denn Lesen ist die Basiskompetenz für alles weitere Lernen. Aber Lesenlernen ist nicht immer einfach. Es ist wie mit dem Fahrradfahren: Man lernt es nur durch Üben – also durch Lesen. Eine schöne Motivation kann unser Lesemaus-Trainingsprogramm mit dem beiliegenden Lese-Pass sein.

Wie können Sie Ihr Kind beim Lesenlernen unterstützen?

Je positiver Kinder das Lesen erleben, desto motivierter sind sie, es selbst zu lernen. Lesen Sie Ihrem Kind mindestens bis zum Ende der Grundschulzeit vor.
Etablieren Sie gemeinsame Leserituale. So erfährt Ihr Kind: Lesen macht Spaß!
Jedes Kind lernt unterschiedlich schnell lesen. Orientieren Sie sich bei der Auswahl von Erstlesebüchern an den individuellen Interessen und Lesefähigkeiten Ihres Kindes. Die Geschichten sollen Ihr Kind fordern, aber nicht überfordern.

Lesen lernen mit der Lesemaus

Die Lesemaus zum Lesenlernen bietet spannende Geschichten für Leseanfänger. Mit Leserätseln können die Kinder ihre Lernerfolge spielerisch selbst überprüfen. Außerdem gibt es in jedem Band kindgerecht aufbereitete Sachinfos.

Lesen lernen in kleinen Schritten

Der Leselern-Prozess vollzieht sich über längere Zeit und in mehreren Schritten. Daher erscheinen die Lesemaus-Geschichten in drei Lesestufen.
Umfang, Wortschatz, Gliederung, Schriftgröße, Text-Bild-Verhältnis der Geschichten und das Niveau der Leserätsel sind optimal auf die verschiedenen Phasen des Lesenlernens abgestimmt.

Stufe 1

- Erste Geschichten mit Bildern statt Wörtern für Leseanfänger
- Wenig Text, viele farbige Bilder
- Auch ideal zum gemeinsamen Lesen: Das Kind ergänzt das Wort, wenn ein Bild kommt.

Stufe 2

- Einfache Geschichten für Erstleser, die zusammenhängende Sätze lesen können
- Klare Textgliederung in Sinnabschnitte, hoher Bildanteil

Stufe 3

- Kleine Geschichten für geübtere Erstleser, die schon längere Texte lesen können
- Einfache Gliederung, höherer Textanteil, farbige Illustrationen zur Veranschaulichung

Stufe 1

Lesestufe 1:
Für Leseanfänger

- Zum Mitlesen und Selberlesen
- Große Fibelschrift
- Bilder ersetzen Namenwörter

ISBN: 978-3-551-06323-6

LESEMAUS zum Lesenlernen

ISBN: 978-3-551-06324-3

ISBN: 978-3-551-06325-0

ISBN: 978-3-551-06323-6

ISBN: 978-3-551-06613-8

Sammelband

ISBN: 978-3-551-06303-8

ISBN: 978-3-551-06320-5

Lese-Spaß

mit Lese-Pass!

Stufe 2

Lesestufe 2: Für Erstleser

- Klare Textgliederung in Sinnabschnitte
- Hoher Bildanteil
- Große Fibelschrift

ISBN: 978-3-551-06421-9

Lesestufe 3:
Für geübte Erstleser

- Kurze Leseportionen
- Einfache Gliederung
- Farbige Illustrationen zur Veranschaulichung

Paula landet auf ihrem Po.
„Aua!", ruft sie und will schon schimpfen.
Aber da sieht sie, dass Pünktchen
zum Gartentor galoppiert ist.
Dort steht ein fremdes Mädchen und
schlingt die Arme um Pünktchens Hals.
Das Pony schnaubt leise.
„Wer bist du denn?", fragt Paula überrascht.
„Ich bin Anna-Maria. Mir gehört das Pony!"
Und dann erzählt Anna-Maria, dass sie
mit ihren Eltern ihre Oma besucht hat.
Und da ist ihr Pony einfach ausgebüxt.

„Um mich zu suchen, wahrsc
meint Anna-Maria. „Dann ha
nach ihm gesucht! Wie verr
Bis ich die Zettel entdeckt habe.
Die hast du bestimmt geschrieben?"
Paula nickt.
„Das war eine tolle Idee!", sagt Anna-Maria.
„Ich bin ja so froh, dass ich mein Pony
wiederhabe!"

ISBN: 978-3-551-06521-6